서포에서 길을 찾다

제2회 김만중문학상 대상 수상작

심사총평

작가들은 심사의뢰를 받을 때 매우 설렌다고 한다. 지면에 발표되지 않은 원본을 먼저 읽고 좋은 작품을 찾아낸다는 특권보다 어쩌면 아주 놀라운 작품을 만날지도 모른다는 기대감 때문일 것이다.

소설부문에 최종으로 논의가 된 작품은 장편 「저 은밀한 낙원」, 장편 「화전」, 장편 「저녁의 편도나무」, 중편 「빨간눈이새」 등이었다. 그리고 시부문에 최종 논의된 작품은 「내 이름은 배롱나무」 외 6편, 「나의 아틀란티스」 외 6편, 시조 「웃음에 관한 고찰」 외 6편, 10편으로 구성된 연작시 「유배 자청」과 5편으로 구성된 연작시 「남해도 전별시첩」, 서사시 「서포에서 길을 찾다」였다. 평론부문은 「이탈한 자의 길 찾기」 1편만 본심에 올랐다.

소설부문에서 대상작을 찾기는 쉽지 않았다. 장편 「화전」은 김만중 선생의 생애를 그린소설로 김만중문학상의 목적성에 부합되어 대상작으로 거론되기도 했다. 하지만 작품의 질적 수준이 대상작에 미치지 못한다는 의견이 많았다. 중편 「빨간눈이새」는 형식적 완결미와 작품성에 있어서 완미한 깔끔한 작품이었으나 중편이 지닌 무게감의 약점으로 대상에 이르지 못했다. 장편 「저녁의 편도나무」는 지식인, 노동자의 삶을 잘 복원해내고 또 오늘날의 한국 사회를 바라보는 문제의식과도 무리 없이 잇대어져 있다. 하지만 주제 의식의 명료한 초점화나 서사 구성의 정치한 맛이 부족하다는 점에서 대상작품으로 밀지 못했다.

시부문에서 대상작품으로 추천한 「서포에서 길을 잃다」는 서사 형식으로 '고전'에 기대어 오늘을 이야기하려는 의욕이 넘치는 시다. 다른 누구도 아닌 바로 너 자신이 되라는 서포의 깨우침은 곧 다른 시들과 혼동되기를 거절해야 한다는 시 쓰기의 핵심적 요청을 환기하고도 있다. 직설적인 발언의 유혹만 적절히 승화시켜준다면 앞으로도 그만의 독자적인 목소리를 꾸준히 들을 수 있을 것 같다.

소설에서는 놀라운 작품을 만나지 못한 소설부문 심사위원들은 대상을 그냥 뺏길 수 없다면서 확인 차 시부문의 대상 추천작품인 「서포에서 길을 잃다」를 읽었다. 김만중 선생의 생애와 발자취를 짚어가면서 현실을 접속한 형식이나 서사의 틀이 예사롭지 않았고 무엇보다 김만중문학상의 목적성에 튼실하게 부합한다는 것에서 소설 심사위원들도 만장일치로 이 서사시에 대상을 양보했다.

수상하신 모든 분들을 축하하며 이름을 올리지 못한 다른 분들께도 감사와 격려의 인사를 보낸다.

심사위원장. 윤정모
소설부문 심사위원. 이순원, 강동수, 송희복
시부문 심사위원. 강희근, 김복근, 안도현, 이승하
평론부문 심사위원. 박호영, 전영태

당선소감

 십 년을 서울에서 허덕대며 살다가 다섯 달 전에 낙향하였다. 애들 공부시키느라 뒤돌아볼 여가도 없이 그동안 숨어 살았기에 늘 바깥 안부가 그리웠지만, 은둔하여 옛글이나 읽었다.

 그동안 많은 분들과 적조하여 이제야 비로소 안부를 여쭙는다.

 시는 늘 나에게 가슴시린 먹먹한 그 무엇이다. 삼간 초옥을 수리해 칩거하고, 한 뼘 채마밭을 일구며 밤에는 글을 썼다. 차 없이 흰 고무신을 신고 낮은 시선으로 요즘은 땅을 읽고 있다. 흙을 배우고 있다. 앞으로 참으로 낮게 살고자 한다.

 서포로 가는 길을 찾아서 신들린 듯 작두를 탔다. 난필로 써내려간 심연의 울음이 한동안 부끄러워 잠도 잘 자지 못했지만 참혹한 하늘이 베 가르기를 하며 푸르른 노도의 물길을 터주고 있을 때, 당선되었다는 기별이 불현듯 왔다.

 너무 부끄럽다.

 남루한 세월을 견딘 식솔들에게 미안하다. 요양원에 계

신 어머니를 생각하면 불효가 하늘을 찌른다. 산다는 게 이렇다. 앞으로 남은 눈물은 얼마나 남았을까.

위리안치된 조선의 한 선비가 이입되어 허공에다 글을 쓰며 가고 있었다.

서포 김만중 선생.

조선 학예의 큰 별이 이끄는 남해 적소의 바다, 허옇게 눈깔을 뒤집고 드러누운 파도를 넘기며 단지 그걸 받아 적느라 몇 날 밤을 지새우고, 또 아프고 저린 지난 날들을 불러 모아 「서포에서 길을 찾다」란 졸시를 마칠 수 있었다. 서포의 정신을 되살려 오늘을 말하고 싶었을 뿐.

부끄러운, 나의 살찐 그늘을 댕강 베어버리고 싶었다.

거칠고 군살이 많은 졸고를 뽑아주신 심사위원 선생님과 김만중문학상 관계자 여러분께 감사드린다. 앞으로 더 탄탄한 발걸음으로 서포의 길을 찾아, 우리 시의 얼을 지켜나갈 것을 다짐하며 더욱 흙으로 내려가 풀잎처럼 살고 싶다.

이 　 상 　 원

차 례

- 3 · 심사총평
- 5 · 당선소감
- 11 · 서시
- 20 · 상소를 올리며
- 29 · 애비 없는 자식
- 33 · 벼슬길에 나아가다
- 39 · 암행어사
- 47 · 꿈속에서 만기 선형께
- 52 · 막내 보아라
- 57 · 서포만필에 부쳐
- 67 · 어머니 부음을 듣고
- 73 · 한식날, 꿈에 어머니 편지를 받고
- 82 · 정경부인 해평윤씨 행장
- 90 · 사씨남정기를 지으며
- 112 · 맹동의 눈보라를 뚫고
- 126 · 서포에서 길을 찾다

서포에서 **길**을 찾다

서시

1.

어머니,

그늘이 살찌는 걸 이제 알았습니다.
제 몸보다 더 큰 부피로 이끼를 먹고

묵은 시간은 이 새벽,

푸른 설움처럼 토사곽란을 하고 있지요.
차가운 문갑 안에 식은 묵처럼 고여 있는

「구운몽」과 「서포집」
또, 「서포만필」과 「사씨남정기」
이렇듯 눈 시린 고서 몇 질의 두께로
잊혀진 세월은 고스란히 말을 걸고,

쇠구들 얼어붙은 연지에
입김 불어 모지라진 붓 끝으로

송연먹 찍어 이 글을 올립니다.

남해 적소에서,
서포집 근처 호젓한
고전의 숲을 거닐다가

불효 소자, 만중은

우리 조선의 한글로 몇 자 적어
겨우내 쟁여놓은 설익은 그리움일망정
부패하지 않을 소금의 정신으로 녹고자
단정하게 앉아 이 글을 씁니다.

이제 봄이 턱에 와 닿았습니다.

매화가,

줄 풍류 타며
다랭이논보다 가쁘게 숨 헐떡이며

가천마을까지 기어오르고

마침내 여기 유배지,

인적 드문 노도의 초옥에 당도하여

가늘게
문풍지 두드리며
남은 숨 고르다가

분분 휘날리며,

느리게 진양조 가락에 실어
아슬하게 시대를 노래하며
거문고 타고 있어요.

늙으신 어머니를 생각하면,

이 몸 유복자로 태어나

어머니께서 가난과 맞바꾼
서른 서책 몇 질의 무게로도
갚지 못할 불효가 넘쳐
남해 물결보다 세차게 넘실대고

쨍쨍한 냉수 한 사발로 때로
세상을 향한 분노도 삭여보지만
어쩔 도리 없이 성난
파도에 위리안치되어,

소자, 영락없이
적소에 매인 몸입니다.
남루한 그늘이 새벽 햇살에 반짝이며
눈동자를 씻을 무렵 시퍼런 비늘보다 더
싱싱한 아침을 두레박으로 건져 올리는 지금,

수평선에 걸려 탯줄을 감은 해가,

질식하도록

저토록 아프게 떠오는 줄도
비로소 여기 유형의 외진 곳에서 알 뿐입니다.

2.

그리운 어머니,

이곳 절도에 와서 바다도
제 한 몸과 같이 되었습니다.
짠 물을 써레질하여,
젖은 소금을 말려
이 봄이 다 가기 전
허기나 땜질할 요량으로
남은 눈물을 잘 말리고 있습니다.
사람이 산다는 게 다 눈물인 걸
이제 철들며 조금씩 알아가고
그래서 저토록 바다는
제 눈물에 눈시울이 짓물려
저리도 푸르른 까닭을 이제 알겠습니다.

시시각각 변하는 물결마냥
뜬구름 같은 인심을 탓하기보다
제 가슴을 주먹으로 치며 제 탓만 하는
저 바다의 시퍼런 멍 자국을 누가 알겠습니까.

세상이 비루하고 막 돼먹어가는 요즘,
아직도 희망이라는 한 치짜리 눈치를 낚고 사느니
여기 적소에서,

마음 부려놓고 소금농사나 지으며
우리 글로 거친 글이나 쓰고 삽니다만,

때때로 그리움에 가슴 먹먹하여
세상이 그리워 미치는 순간이 오기라도 하면
바다를 마당가에 불러 앉히고
막걸리 한 병에 쉰 김치 서너 조각으로
일렁이는 마음의 물결도 달래보지요.

때로 비린 것이 땡기는 날도 있지만

그런 날은 두 무릎 껴안고 공처럼 웅크린 채
자폐의 감옥에 숨죽여 울며
널널한 세상과 대적하여
차라리 제 자신을 죽이고 말지요.

3.

어머니,

당신은 늘 새벽입니다
그래서 부르기만 하여도 먹먹합니다

방금 소슬한 바람이 불고
머리를 헹굽니다 모든 오욕의 찌꺼기를 털며
비로소 바다를 대면하고 세상을 직면하여
심연의 밑바닥에 가라앉은 차마 부치지 못한 말을

사무치는,
쓰지 않으면 죽을 수밖에 없는

이 때,

남겨둔 많은 말을
묽은 죽 거죽에 눌러붙은 꺼풀을 걷듯

바위의 무게를
깃털 하나로 압축하여,

글월 올립니다.

사무치는 처음이자 마지막 말,
어머니, 라는 회귀불능의 그 말씀을 향하여
손 씻고 이제야 무릎 꿇고

모국어로,

소자의 뼈를 붓으로 삼고
소자의 피로 먹을 찍어
소자의 가죽을 종이로 삼아

처절하게 자신과 대면하여 심연에
드리운 살찐 그늘을 거두고자 합니다.

참으로 부끄러운 새벽,

누가 날더러 고전을 얘기하라 한다면
저는 차라리 오늘을 얘기하고 싶습니다.
당신의 말씀을 빌리기보다

서포로 가는 길을 찾아가다가,

코가 깨어지고 무르팍이 부서질지라도
낯선 어느 지점에서 마음의 돌팍이 걸리거든
그 자리쯤에서 오늘 우리가 사는 얘기를
조금은 쓰고 싶으니까요 슬픔을 기쁨으로
절망을 희망으로 얘기한다는 게 조금은 쑥스럽지만,
예나 지금이나 사람 사는 건 매일반 아니겠어요.

상소를 올리며

−신 김만중은 적소에서
도끼 옆에 두고 거적 깔고
엎드려 삼가 성왕께 상소하나이다

바닷가 어느 무덤가에 앉아
하늘에 걸린 허공의 족자에다
여윈 손가락으로 메마른 붓을 놀려
알 수도 없는 글자를 써봅니다 무수히
끝도 없이 쓰다가 보면 이미 해는 중천에 걸리고
늘보리 조밥 한 그릇도 채 못 먹은 남루한
하루해가 그리도 긴 줄 미처 몰랐습니다.
평생 숟가락 하나 걸친 채 살다가 가는
우리네 삶이란 게 저 고봉밥을 닮은
봉분 한 기의 허기쯤이나 달래줄까요.

어제는 송곳 하나 꽂을 땅이 없더니
오늘은 꽂을 송곳조차 없다던, 저 옛날
선사의 말씀조차 오늘은 까마득합니다.
요즘 우리는 너무 살찐 세월을 보내며

짙은 그늘을, 그늘인 줄 모르고
비계덩이만 덕지덕지 붙은 몸집으로는
도저히 허기를,

저 조선의 정신으로 막 빚은
백자 빛 허기를 이해할 요량이 전혀 없습니다.

참으로 안타까워
묶은 시경을 묶은 끈이 투두둑,
터지듯이 가슴이 터지는 듯합니다.

구진 비가 며칠을 내리고,
여기 유배지에 눅눅한 곰팡이 내음,
서책의 손때 절은 내음과 흥건히 이개져
노도의 짭조름한 바람결에 실려
우르르 몰려오고 있습니다.

가끔 이웃에 사는 어부가
마당가에다 그날 잡은 고기

한두 마리를 부려다주고 갑니다
우울한 나날 비늘을 치다말고
우연히 올려다 본 하늘가
솔개가 빙빙 맴돌며
부리를 아래로 겨냥합니다

가여운 민초의 하늘
바짝 충혈되어 위태로운 요즘,
모두 몸을 웅크린 채 문고리를 부여잡고
오른 물가에서 마음 졸이며
밀물처럼 밀려오는 불안에
잠근 문을 또 다시 단속하지요

이게 사람 사는 세상입니까

우리가 사는
민초의 나라는
단군 이래
홍익인간으로부터

수운 선생의 인내천까지
조선 천지에 청학이 노닐던 그 하늘은
이제 눈 닦고 찾아보아도 없지요

멀지 않은 병자년
오랑캐가 팔도를 피로 물들여
백성은 어육이 되고 어가가 몽진하여
인조임금께서 삼전도에서
치욕의 삼배구고두례를 한 지
채 반백 년도 되지 않아서
지금 희빈 장씨는 궁궐을 농단하여
국정은 좀먹은 두리기둥마냥
사직이 위태롭습니다.

다산의 목민심서는
재상가의 서가에 장식으로 꽂혀있지만
그건 한낱, 서책일 뿐,
책은 책대로 나는 나대로
서로 따로 노는 세상

그래서
예나 지금이나
세상은 한결같이 팍팍하고
윗대가리는 나라를 훔치고
아래로는 서리가 알곡을 훔치니
늘 위로는 두텁고 아래로는 박하지요.

며칠 전 노도에서
노를 깎던 목수 서너 명이
도망을 가 치도곤을 당했다지요
죄목은 뻔하지요

백성의 배고픔보다
더 급한 일이 어디 있겠습니까
백성은 무겁고 사직은 가벼운데
백성을 어육으로 만들어
이리도 소금으로 쩌내어서야
사직이 어찌 튼튼할 수 있겠습니까.

신 만중은 엎드려 임금께 상소하나이다.

배를 만드는 선소의 목수들
저들이 배고파 배를 띄울 수 없는 지경이면
그 배는 정작 어디로 향해 간단 말입니까.

임금이 가고자 하는 방향과
백성이 가고자 하는 방향이
같지 아니하다면

어찌 그 배를
배라 이름하겠습니까.

백성은 물이고 임금은 배라지만,
물결이 성이 나서 배를 뒤집으면
사직은 또 무슨 소용입니까.

아슬한 벼랑 끝
궁벽한 바닷가 바위 위에

뿌리 내린 저 들풀을 보십시오.

얼마나 착한 풀들인지요
모두가 거센 바람을 받고도
서로 보듬고, 쓸리면서도 꿋꿋이 일어서는
저 튼튼한 무릎과 장딴지를 보십시오.
저토록 푸르른, 녹슬지 않는 강철의 힘을,
바로 저 힘으로 지탱하는 이 나라가 아니겠습니까.

새벽마다 탱탱하게 발기하는 시의 힘처럼,
누가 저토록 원시의 해벽에서 꿋꿋한
갈빛의 힘줄을 거역하겠습니까.

신 만중은 다시 한 번 아룁니다.

조정 대신들과 용안을 맞대고
부디 백성의 눈 속에 어리는 슬픔과
간절한 기도의 눈물을 직시하여
당신의 바람에 순명하는 저들과 더불어,

아픈 것이 있거든 먼저 아파하시고
즐길 것이 있거든 뒤에 즐기십시오.

임금의 바람이
어디로 불겠습니까.
순하디순한 민초들은
그 바람결에 따라 드러눕고 또 일어서지요.
호시탐탐 아래를 굽어보며 노리는
저 솔개의 부리를
제발 단칼에 척결하시고,
차가운 법이 따뜻한
백성의 울타리가 되도록
풀대 끝에 영롱하게 맺힌
저 이슬의 사연을 찬찬히 읽어보시길
간곡히 아룁니다.

적소에서 불충한,
신 만중은 재삼 엎디어 아뢰오니
부디 백성의 눈물을

거둘 줄 아는 성군이 되소서.

애비없는 자식

마른 버짐 같은
땡감꽃 하얗게 지니
궁핍한 날들조차
그리운 계절입니다

능욕당한 하늘과 산하
조선의 옥색 회장저고리 앞섶이 찢기고
탱탱한 젖가슴 한바탕 우레가 치더니
선혈보다 진한 비 흩뿌리고,

삼간초옥에 상청이 차려지자
미친 듯 먹구름은 또 물러가도
지아비 앞세운 나날 통 보이질 않아
여전히 전운만 자욱하더이다

인편에 부고 받은 바로 그해,

전란을 치르는 와중
지아비 시신도 수습 못하고

오랑캐가 한반도 손톱 밑에
바싹 대침을 꽂으니
임금은 몽진하다가
실낱같은 사직을 부여잡고
삼전도에서 이마 찧으며
넘길 수 없는 굴욕을
꾸역꾸역 삼키던,

뼈저린 통한의 해

인조 15년 정축 1월 22일,

강화성이 함락되자
아버지 충렬공 익겸은 수비대장 김상용과
화약고에 불을 지른 뒤 분루를 삼키고
23세를 일기로 순절하고,

병자호란으로 사직 기울던

2월 10일 오시,

영남으로 물러나던 배 위에서
첫울음 내며 세상에 태어났으니
갈가리 찢긴 산하의 자궁인가

졸지에 과부가 된 해평 윤씨 홀몸으로,

애비 없는 유복자로

본관은 광산이요
처음 이름은
배 위에서 났다,
하여 선생이라 부르다가
관례 치르니 자는 중숙,
나중 이름은 만중이니
그 형은 만기로
둘째 아들로 태어나다.

모부인 혹시나
만중이 애비 없는
후레자식 소리 들을세라
노심초사하기가 방아깨비
깻잎 위에 뛰는 듯하더니
본 데 없단 소리와
들고나는 법도 모른단 소리 들을까,
늘 가슴 여며 몸소 소학 가르치고
낮에는 논배미 무릎으로 갈고
밤에는 졸음 털며 베를 짜서
궁색한 살림 이어가니
기울어진 사립짝 홀로
온몸으로 떠받치고
애비 없는 두 자식을
과부 홀로 자애롭되 엄히 거두고
모진 세월조차 모두 거두고.

벼슬길에 나아가다

나라가 바로 서면
글 속에 밥이 있고
나라가 어지러우면 더러
글 속에 죽음이 도사리고
글은 곧 자신을 베는
칼이 되기도 하는,

뼈저린 조선의 역사, 역사여

그 도도한 물결에 얼마나
많은 인걸 참형으로 내몰렸나
왕조마다 공화국마다
글 읽고 글 쓴 죄로,
어버이에게 불효하니

서포로 가는 길,
참으로 참혹했다

사내로 태어나

제 한 몸 세우려면
주림을 벗어나려면
어버이 드러내고
제 이름 천추에 새기려면
죽도록 글을 파야 하느니
농사꾼이 땅을 깊이 갈듯이
땀 흘려 글밭을 가꾸어야 하느니
예나 지금이나 조선의 모든 어버이 일러주신
금과옥조와 같은 말씀이 아니던가

14살 되던 해
효종 원년 경인 7월
진사 초시에 급제하여 이름 올린 뒤,

29살 때
현종 6년 을사 4월
정시문과에 장원급제 하니,

과제는 당 현종이 육상선을 비유하기를

'겨울 소나무와 잣나무 같다'고 포창하여
이를 감사한 옛 일을 든 것인데,

태자 때 태평공주가 현종을 폐하려 하자
이를 반대한 육상선의 충절을 기린 것이네

군신간 믿음과 충심이 있고
출처의 엄정함 지킬 수 있다면
피 튀는 당쟁의 소용돌이 피할 것을,

서푼어치도 되지 않는
벼슬자리에 간당간당 목매달려
누구는 주리 틀리고
누구는 능지처참 당하고
누구는 귀양 가고
누구는 사약 받으니
선비로 태어난 죄
참으로 크구나

조선에서,

부관참시 당한 실록의 행간마다
검은 피 얼룩 진하게 배어있음을,

첫 벼슬길 들어서야 어이 알았으랴

찬란한 등용문,

곧 사지로 들어가는
도살장 지옥문이 될 지
그 누구 알았으랴

세 번이나 유배당하여
마침내 남해 적소 비린 하늘가
어머니 상기가 끝날 무렵 홀연히
쉰여섯 해,

파란 많은 일기로 목숨 놓아버리니

벼슬길 나아가 죽음을 재촉했네

그 길로 가는
우거진 풀섶마다
간데족족 숨은 돌부리 채이고

서포가 걷던 길,

독사가 도사리고
독초가 자라나니
알 수 없는 죽음의 덫
그 누가 알았을까 그러나,

지금 보라

서포로 가는 길

조선의 남쪽 바다 끝

고전이 팔딱이는 남해

봄은 더디게 와도

가장 먼저 찾아오지 않는가.

암행어사

현종12년 신해, 9월

서른다섯 되던 해
수찬으로 경기어사가 되니
연석에서 주상께서 영을 내리길,

'경기 여러 고을을 암행 염찰하여
백성을 탐학하거나 억울한 소문이 돌거든
일체 논계하라',

쉬잇! 천기누설마저 밀봉하렷다

어사 김만중에게 내리는 봉서;

-남대문 밖에 당도하거든 봉서를 열라-

풀잎 따라 가는
대쪽 같고 추상같은 암행의 길,

행장 꾸며 갖추니
행색은 영락없는 상거지 꼴
헤진 초립에 삼베옷 걸치니
남태령 골골마다 초부도 본체만체

눈에 들이면 너무 외져라

새들도 쉬어가는
덕지덕지 남루로 기운
다 헤진 오두막 한 채,
오두마니 산마루에 걸터앉아

추녀 끝에 걸려
달빛이 부서진다

호롱불 새어나오는
저 안에는 누가 살고 있을까
어머니와 형님도 저 안에 계실까

해거름 느지막이 주막에 들어
주인과 손님으로 밤새도록 얘기하며
샅샅이 고을 사정 염탐해보니,

이삭 팬 벼꽃마다
누리가 들러붙고
메뚜기 떼 창궐하니
민초의 마음 저럴까
누런 빈 쭉정이뿐,
익을수록 고개 숙인다지만
저리도 익지 못해 벼는 벼끼리
헛헛한 고개 빳빳 쳐들고
하늘에 대놓고 삿대질하는가
눈물인 듯 한숨인 듯
갈라터진 농부의 마음인가
쩍 갈라져 마른 논바닥
흉흉한 소문 한 자락 떨어지니,

만중이 귀 쫑긋 세우고

추임새도 먹이며

판소리 사설,
홑 장단에 그림처럼
늘어진 이내 따라가네
서러운 다랭이논배미
층층이 올라서니
암행어사 출도가 한 자락
구성지게 울려퍼지네

'서리망국론' 이야 들먹이지 않아도
조선 땅 도처에 부패한 황충들
백성의 등골은 뙤약볕에 드러나
가가호호 앙상한 뼈만
바지랑대처럼 기우니
헐벗어 몸 가릴 한 조각 베도 없어
눈물겨운 사정 너무도 적나라해라
바닷물이 다 말라 소금이 되었네
오랏줄로 염치없는 저 탐학 꽁꽁 묶어

현청 마당 엎어놓고 낱낱이 추달하여
오냐, 네놈들 죄상 남김없이 실토하렷다.

배때기는 갈앉고 주둥아리만 동동 뜰
경을 쳐도 우레를 쳐도 시원찮을 오리들
한결같이 꼬박꼬박 답하는 꼴 한번 보소
게으른 연자매도 저러진 않을 걸세
백성 위해 찧고 사직 위해 까불고
감언이설로 키질하니 민심은 흩어지고
만고충신 따로 없네 입에 발린 저 소리
치부책 따로 실상 따로 차액만큼 빼먹고
끝내는 품값타령 곳간타령, 타령조 일색
백성과 나라를 혓바닥에 올려놓고
침도 안 바르고 몸 빼기에 급급하니
저런 철면피에게 고을을 맡겼으니
우리네 나랏님 무쇠귀는 또 어떠하냐
깊숙한 대궐 안에 농염한 국색 들이고
지아비의 강상이야 헌신짝처럼 저버리니
위와 아래가 어찌 저리도 한통속일까

쥐꼬리만한 녹봉 따라
암행가는, 길 아파라

암행한 지 달포 지나
손꼽아 헤어보니
오늘,

어머니 회갑날 아닌가

이에 시 한 수 지어 회포를 푸니,

'구 월 이십오 일은
울 어머니 회갑날.
아이가 자라 서른다섯 살
올해 처음으로 슬하를 떠났네.'*

---

*서포집, 「암행할 때 시」; 「暗行時作 其四」 "九月二十五 慈親初度日 兒生三十五 今歲初離膝" 참조.

그해 동짓달 초하루,
감찰을 마친 뒤
경기 어사 김만중 서계하기를,

"전 용인 현령 이건
전 파주 목사 홍무는
진휼의 정사를 신중히 보지 않았고,
경기 수사 이원로는
청렴하지 않다는
비방이 많이 있었습니다.
파주 목사 이보는
직무를 신중히 보아 칭찬이 높았고,
삭녕 군수 윤홍거는
진휼의 정사와 치적이
모두 뚜렷이 나타났습니다."*

---

*조선왕조실록, 현종 20권, 12년(1671) 신해 11월 1일(무신) 참조.

−이에, 주상께서
윤홍거에게 옷감 한 벌을 내리고
이건, 홍무는 모두 파직한 뒤에 추고하고
이원로도 파직시키라 명하였다.

꿈속에서 만기 선형께

뵙고 싶은 형님께,

남해 먼 바닷가에서 우제 만중 올립니다.

간밤에 도둑비가
살짝 왔다갔는가 봅니다

초옥 담부랑을 타고
능소화 꽃잎이 떨어져
지천으로 깔려 있습니다.
마치 제 슬픔 이개진 자리인 양
어지럽게, 여기저기 널려 있습니다.

요즘 잔기침이 심하단 말씀 듣고 걱정이 앞섭니다.
세상을 향한 잔기침이면 참으로 고질병인 것 같습니다.
소제는 요즘 노쇠한 어머니와 형님 걱정에
자주 마음에 파랑이 일곤 합니다.
허옇게 눈을 까뒤집은 파랑이 일면 언젠가
폭풍이 몰려오리란 불길한 예감이 듭니다.

부디 괜한 근심이길 바랍니다.
돌아가신 아버지 얼굴도 뵙지 못한 어린 절
형님은 부형처럼 데리고 잘 이끌어 주셨지요.
홀어머니 슬하에 우리 형제는 마음새 좋아
서로 다독이며 그리도 잘 지냈지요.
어릴 때 형님은 허기 가득 고인
제 밥그릇에 자주 밥을 덜어주셨지요.
먹어도 먹어도 배고프던 시절,
난리 후에 정쟁의 소용돌이에서
난필의 몽당붓으로 써내려간
허리 접질린 보릿고개에서
어찌 하루해는 그리도 길던지요.
그때만큼 노루꼬리가 부러웠던 시절도 없었지요.
하루는 노루를 쫓다가
돌부리에 채어 다리가 접질리자,
형님은 그 비탈길을 등에 업으시고
백결의 시를 읊조리며
참꽃도 뜯어먹으며
내색도 않고 봄보다 더

따스하게 절 보듬었지요.

그리운 형님,

세상에 댓거리 하지 않고
먼 바닷길에 동떨어진 제 신세
저 멀리 보이는 섬보다도 더 외롭습니다.
마치 삿갓을 쓴 낚시꾼이
부동의 정신으로 꽂힌,

저 섬에서

꼿꼿한 선비의 환한
뼛속을 알 것 같습니다.

요즘은 어머니를 위해 얘기를 짓고 있습니다.
늘그막에 소자의 얘기나 읽으며 소일하시라는 뜻이지요.
제목은 「구운몽」이라 달았지만
많이도 성글고 거칠어 두려울 뿐,

형님께서 먼저 읽어보시고 부디
군살을 대패질하여 주시길 바랍니다.

살찐 문장이 두렵습니다.
깎고 또 깎아 뼈만 남길 바랄 뿐이지요.

하현달이 창백합니다

방안 그림자는
빈 장죽을 물고,

깊은 서재 적막합니다

달무리가 아롱져
어둑한 뒤란에 질항아리를
닮고 있는 지금은,

삼경입니다

오늘은 여기서 줄이고
소제 갖추지 못합니다.

내내 평안하시길.

막내 보아라
―어머니 윤씨가 보낸 마지막 편지

막내, 만중아
읽어보거라

세월이 무심하구나
거친 해풍에 실려
네 남쪽으로 간 뒤로
한동안 소식 막혀
명치 끝이 답답하고 아리더니
요즘 체증이 너무 심해진 것 같구나
늙은 어미 잠들지 못하고
먼 바다에 홀로 내버려둔 네가 그리워
마음이 짓뭉개져 이제 헝겊 한 조각도
덧대일 데가 없구나
남빛 저고리 앞섶이 닳아 다 젖도록
밤새 눈물로 지샌 지
벌써 달포가 되었구나.

네가 남해로 적거한 뒤
인편으로 첫 기별 왔을 때

어미는 얼마나 반갑고
또 마음 졸였던지
한양 육의전 상단으로 가는
등짐잽이가 구운몽을 가져왔더니
서책 안에 고이 봉한 네 간찰
피봉에 쓰인 필체를 보고
너무나 아까워서
한동안 열지도 못하고
이 어미 품속에 꼬옥 껴안았단다.
밤새 어둔 호롱불 아래
어미를 위해 언문으로 소설 짓느라
얼마나 눈은 침침하였느냐.
그 등짐장수는 잘 대접해 보냈는데,
이곳 광주 집 뒷산 언덕배기에 올라
저물도록 마치 네가 떠나가는 양
아득하도록 눈바래기를 하였단다.

보내준 구운몽은
눈썹이 세도록 읽고 또 읽어

벌써 수십여 차례나 된다. 재미가 붙어
밤이 이리 짧은 줄도 새삼 느끼니
네 지극한 효성에 어미는 감복할 따름이다.
지난 밤 대숲에 이는 바람 소리에
막힌 가슴이 열리며 네가 상상으로 지어올린
얘기의 고샅으로 들어가 한참을 서성였단다.

우리네 사는 인생이란 게
'성진'인지 '양소유'인지 한 바탕 꿈속에 꿈,
덧없이 노닐다가 부질없음을 깨닫기도 전
소풍은 이미 끝나버리니,

'육관대사' 육환장 딸랑이는 소리에
'팔선녀'와 노닐다 설핏 든 잠 깨고 보니
내가 한 마리 나비였던가
나비의 꿈속에 내가 나비가 되어
훨훨 네게로 날아갔는데

낮은 탱자 울타리 안

슬픔이 가득 고인 초막을 보고
한참을 울다가 돌아나온 길,

대숲이 운다.

저리 우는 까닭이야
저토록 꼿꼿하니 몸 하나 버팅기느라
얼마나 고되겠느냐. 미물이라도 저러한데
네 또한 저 대쪽과 같을 터,
어찌 쉬이 네 몸을 바람에 버려
그 푸르름을 상하게 하랴.
그러니 부디 청청하게, 바다보다
더 푸르게 몸 잘 보존하여
위태로운 거처일망정 잘 지내도록 하거라.

보아라,
저 대 속이 텅텅 비어
저리 강한 줄 알고
네 속에 든 화기를 죽여 더욱 강해지기를

이 어미 바랄 뿐이니 그리 명심하거라.

호롱불 심지가 일렁이니
깨알 같은 글씨가 어른대는 물인 양
마구 배 멀미를 하는 듯
네게로 가는 그리운 물길
이다지도 아득하구나

너를 만나러
꿈으로 드는 길,

보고 싶은 막내야
오늘은 눈이 침침하여
붓을 놓노라.

이만 총총.

서포만필에 부쳐
―제 나라 글을 아끼다

서포 노인은
침침한 눈으로 삼가 쓰노니,

조선의 선비가
어찌 중국의 앵무새가 되랴

'자기 말을 내버려 두고
다른 나라 말을 따라하면
단지 앵무새가
사람의 말을 하는 것과 같으니'

자신을 사랑하지 않으면
남도 사랑하지 않는 건 세상 이치라
내 글이라야 온갖 만물이 숨 쉬고
산하의 동맥과 실핏줄 맥맥이 흘러
심장 펄펄 뛰는 언어의 집 짓지 않겠나
백성마다 눈빛이 시퍼렇게 살아
말의 대궁에 연두 빛을 더하여
글과 말에 온전한 뜻이 담겨 있어야

바로 무진장한 보배가 아니겠나

누가 시에다 도란 허황된 꽃을 얹었나
누가 시에다 번지르르한 가면을 씌우나
시에다 누가,
창녀의 분칠을 덕지덕지 입혔나

시는 간결하고
시는 쉬 읽히며
시는 간혹 쬐쬐하고
시는 때로 더럽고
시는 불편해도 좋으며
늘 아름다울 수만 없는 것
진실로, 사람의 넋을 실어야
농투성이나 시골 영감이나
아녀자나 무지랭이라도 읽어서
한결 막힌 가슴 한 켠
뻥, 뚫릴 수만 있다면
찌릿하게 감전이라도 된다면

쉬운 시가, 우리 글로 노래한
우리 가락을 실은
그런 시가 제일이라고,

'만필'이라 이름 붙여
서포 노인은 붓 가는 대로
일찍이 세상에 내놓았으니,

누가 감히 앵무새가 되어 오늘도
조선 천지가 대국의 말을 주인으로 섬겨
제 나라 말은 노예로 만드나?
국적도 알 수 없는 간판들
거리마다 얼굴 뽀얗게 칠하고
당의정을 잔뜩 입혀 온갖 치장으로 유혹하며
살찐 플라스틱 인형들 죽도록 다이어트로
휘황한 밤거리는 술과 환락과 도박으로
팔도 구석구석 복부인은 한탕을 노리며
모두가 병든 개처럼 헐떡이며
음모가 던져주는 뼈 한 조각

서로 뺏기 위해 으르렁거리다가
서로 깊은 상처만 남기고

마침내 우울한 어느 날,

모텔에서 제 목을 걸고
혹은 밀폐된 자동차 안에서
번개탄을 피우고 재촉하듯
스스로 죽음의 노를 저어가는
이런 나라,

과연 조선의 땅인가?

서포의 하늘을 노래한
고전이 있던 학예의 고을이던가?

이에 한탄하며

서포 노인은 눈물로 쓰노라.

반성하지 않는
얼빠진 이 나라가 옛날
저토록 빛난 해동성국이었던가?

말과 글
얼이 빠졌으니

제 몸도 제대로 가누지 못해
술 취한 사람마냥 비틀비틀
혹은 미친 사람인 듯 눈알이 꽹하여
제 코가 석자라고
남이야 아랑곳하지 않는
대개 씨알이 곯아 쭉정이만 남은
다락논배미에서 분탕질로 죽어가는
병든 황충마냥 삼사 할이 그늘을 뜯어먹는
살찐 어둠의 노예가 되는 나라,
노동자와 사용자가 하나 되지 못하고
가진 자와 헐벗은 자가 나누지 못하고
힘센 사람과 약한 사람이 도우지 못하는

그런 세상은 이제 조선이 될 수 없다고,

늘그막 남은 혼불로 지피고
정강이뼈를 뜯어 화롯불에 뎁혀서
제 살 위에 인두로 새기나니
흐린 호롱불 앞에 앉아
서포옹은 눈물로 찍어 세상에 고하니,

온 누리 펄펄 끓어오르는
화탕지옥인가 모조리 휩쓸려
타 들어가 용광로처럼 무쇠
한 덩어리가 될 그날만 기다리는가

아니면,

꿈속에 꿈인 줄 알아
마치 환생한 '양소유'가
꿈 깨고서 마침내 '성진'으로
'육관대사'에게로 돌아왔듯이

어떻게 우리 조선을 되돌릴 것인가.

남은 시간은 얼마 없어

켜켜이 쌓인 고서,
귀 접힌 어느 모퉁이에서
길을 헤매고 있을 것인가

나라에 말길 끊긴 지 오래,

좌우가 소통하지 못하고
상하가 터놓지 못하고
동서가 서로 삿대질하고
남북이 상호 오가지 못하고
노소가 딴 나라 말인 듯
모두가 제 깜냥 제멋대로,

언어의 숲은 황폐하여

구근은 말라 비틀어져
황무지가 되고 말았으니
세종임금 스물여덟 자
해서로 반듯하게
모판을 찌듯 만드셨는데
벼이삭이 채 피기도 전
멸구 떼 창궐하여 뭉개지고
마른 논 쩍쩍 갈라 터지고
백성 편히 사용하도록 마련하였는데
이 지경에 이르러 나라 말씀의 밭은
묵정밭으로 잡풀 우거져 버려지고
사상과 이념만 천지 사방 유랑하고
불 꺼진 빈 방 기러기 아빠만 남겨두고
더 큰 숟가락 찾으러 먼 바다로
혹은 대처로 이에 한 줄 안서 부치노니
내 나라 헐벗은 발뒤꿈치가 서러워라
조선의 하얀 버선발이 불쌍해라
처사댁 대청마루 쩡쩡하게 울리던
서슬 퍼런 그 호령 그윽하게 고이던

무너진 사당, 오늘 쑥구렁이 되고

한동안 청국 땟놈 전족에 미치다가
임진년 왜짝 조리나 게다에 비틀거리다가
군정치하 버터 빛 뺀질한 서양 뾰족구두에 채이니
이 나라 말이 천하기가 그지없구나
노예가 따로 없구나

이에 병든 서포 노인은 명을 짓는다.

조롱에 갇힌 앵무새 되어
낱알을 받아먹고 사느니,

주려도 거친 들판에서
제 목소리로 노래하며

어느 볕 좋은 날
바위 위에서 죽어도 좋으리

내 모국어로
마지막 절창 부를 수만 있다면,

어머니 부음을 듣고

슬픔이라
말할 수 있으면
그건 슬픔이 아니다

슬픔은 슬픔보다 서럽다

노도 적소에서,

간밤 동백숲 무수히 얼음꽃 피고
물질 가던 해녀 인편에 들려온
참혹한 결별,

열여섯 해 건너며
무려 세 번이나
적거의 몸이 된 못난 자식
금성에서 선천으로 또 남해로

그 쓰라림 홀로 삭이시고
창망하게 돌아가시니,

천지가 무너진다

단지 글 읽어 벼슬 받은 죄,
무얼 위하여 여기
배소에서
통곡하는가

이태 전에는 큰형마저 세상 뜨더니
큰 자식 앞세운 어미의 애통함
유배당한 해미도 자욱해라

"용문산 위 나무는 한 뿌리에 자랐는데
가지는 꺾이고 병들어 사경을 헤매네.
산 사람 풍상도 서로 바꾸진 못하는 것
도끼로 나무 찍듯 죽음만 머뭇머뭇.
아! 헤어진 형제들 무고하던 그때

색동옷 입고 즐거이 놀던 일 그립구나.
홀로 외로이 계시는 팔십 노모님
장차 사무친 한 언제나 풀리려나."*
솔수펑이 구슬피 낮달 걸리고
어머니 가시는 길, 임종도 못 뵈어
달려가 초상도 못하는 차꼬의 신세
천지간 이 슬픔 어찌 다 말하랴

여울에 성엣장 뜨니
내 마음도 저럴까

초옥 방문 닫아걸고
머리 풀고 단좌하니
영락없는 귀신 얼굴

남해 바다 뒤집어지고

---

*서포집, '남해 유배된 집' 시, '南海謫舍有古木竹林有感于心 作詩 "龍門山上同根樹 枝柯摧頹半死生 生者風霜不相貸 死猶斧斤日丁丁 憶我弟兄無故日 綵服塤篪慈顏悅 母年八十無人將 幽明飮恨何時歇" 참조.

세상도 무너지고
모두가 지워진
허적의 방 한 칸,

오래뜰에 고인 슬픔
북두로 걷어내어
어머니 가시는 길
물길 하늘길
이어 놓으면,

쉬 젖지 않는 한 사내가 간다
조선의 젖지 않는 한 선비가 간다
젖어도 젖지 않는,

사모곡을 따라간다—

눈물은 젖지 않는다

젖는 건 눈물이 아니다
유폐당한

노도의 하늘가

마른 하늘에 우레

그 울음이 하늘에 묶여

동지섣달 꽁꽁 묶여

창망한 눈동자로

슬픔의 척추가 꺾인다

결코 젖지 않는

마른 눈물이라야,

참으로 눈물이다.

한식날, 꿈에 어머니 편지를 받고

명부에 계신 어머니,

근래 행각 중 섬에 든 중과 밤새워
꿈같은 얘길 나누다가 그날 밤 제 꿈속
인편으로 띄우신 안서를 봉독하고
눈물로 소매 적시며 이 글 올립니다.
근력이 쇠잔하여 병까지 드셨다니

불효 소자 만중은,

어디 계신지 몰라 문안가기 어려워
무엇으로 크나큰 상심 위로할까요.
염부는 저리도 이승과 아득하여
도저히 사람의 일이 아니기에,
아득히 생각의 꼬리나 겨우 잡으면
지금 고향집 마당에는 사초꽃도 피고
뒷동산 구불한 길에 애쑥 내음 질펀하겠지요
이곳, 노도에는 노를 깎는 장정들이 많아
노도라고 부른답니다

사람이 한 평생
산다는 게 한갓 꿈길이라는 생각에
다 부질없다 여기면 튼실한 노 한 짝 사서
피안으로 건너보고 싶습니다.
그 물길 너머
어머니 먼저 가신 바닷길 어느메쯤
이어도, 이어도, 철썩, 대는 여울목이나
심청이 연꽃으로 지던 인당수에서
꿈도 깨고 눈도 뜨는 별천지로 가
용화세계에서 꼬옥 어머니 뫼시고
심청전도 읽어드리고
홍길동전도 들려드리다가
졸리면 눈꺼풀 가라앉는 어느 물살에나
부표보다 부푼 늘어진 한잠 잘 자고 나서
어머니 손잡고 뒤란을 돌아 산책도 하고
오랫동안 성묘 못해 우거진 쑥대 찔레
벌초도 하며 한식날 보내고 싶습니다
요즘 봄 가뭄 심하여 우물도 마르고
파밭도 누렇게 말라붙고

마른 거적데기 안에 둘둘 말린
개나 소도, 걸인도 비쩍 말라죽어
팔도에 염병이 돌고 있답니다.
대밭 너머 해풍은 왜 이리도 끈적이며
새벽이나 해거름에는 해무가 자욱해
사람을 영 못 견디게 만드는지요
시대가 어지러움을, 섬에 박혀 있어도
잘 알겠습니다
더러는 꿈길에서 만난
입담 좋은 객 손님들이 외딴 섬에 숨어들어
뭍의 소식을 더러 들려주고 나가지요

그리운 어머니,

더 기다릴 게 없는
적소의 일상이라지만
아주 드물게 환청처럼
말발굽 소리라도 날라치면
가슴 먼저 고동치며

숨은 턱밑에 차 오릅니다
혹여 뭍에서 해배하라는
파발마를 띄운 건 아닌지
그런 날은 밤이 더 두렵습니다
밤 꼴딱 새우며 얼핏 든 선잠에
부자탕을 드는 끔찍한 꿈을 꾸지요
인간의 일이란 게 한치 앞도 알 수 없고
세상의 염량이야 조석으로 손바닥 뒤집듯 하니
더 바랄 것도 더 놓을 것도 없이
아슬한 백 척 장대 끝에 서서
한 발짝만 허공에 더 내딛으면
굳이 노 한 짝 마련하지 않아도
부모님과 형님 계신 그곳으로
거친 삼베 옷 한 벌 걸치고
나무옷 입고 저승 갈
노자나 한 푼 입에 꽉 물고
그리 넘어가면 되지 않겠습니까

깊은 하늘이 웁니다

너무나 망극하므로,

요즘 들어 소자는 자주
환청과 환각에 시달립니다
미친 듯 사립짝을 급히 밀치고
맨발로 뛰어나가곤 하지요
댓돌에서 지게문까지라야
서너 걸음이 고작이지만
거친 돌들이 다 닳아
이미 모래가 되었습니다
짚신은 달포가 가도 그대롭니다

안으로 문 닫아걸고
문 밖으로 나가지 않은 지
벌써 몇 달인지 모르겠습니다
더러 낯익은 한두 사람이 들여다보고 갈 뿐,
세상과 절연하고 사는 죽은 목숨입니다

자애로우신 어머니,

소자, 근래에

눈이 영 어두워

책도 읽지 못하고

다리도 온전치 못해

자주 몸이 앞으로 쏟아지곤 합니다.

눕는 날이 갈수록 많아지고 잇몸도 헐어

피가 흥건히 고일 때도 있습니다.

고작 한다는 유일한 일은

간간이 벽 위에다 시를 쓰다가

노도 앞을 지나는 돛을 단 배를 보거나

물빛과 하늘이 온통

벌겋게 물드는 일몰을 보며

얼마 남지 않은 시간을 생각합니다.

빈 배처럼 홀로

건너갈 저 언덕을 향하여

노을을 꼭 닮은 한 사내가

물가에 위태롭게 서 있습니다

세상에서 부는 바람인지

원숭이 휘파람 소리인지 모를

귀신과 같은 울음이 시시각각
늑골을 파고들어 가슴은 시리고
머리는 깨어지는 것 같습니다.

오늘 한식날 아침,

홀몸으로 보내는 단출한 끼니래야
절인 묵은 김치 한 접시와 조선간장 한 종지
찬 꽁보리밥 반 주발, 그게 제 성찬입니다
성묘는 생각뿐이고 마음은 뭍으로 올라
고향 선산을 휘- 둘러보고 왔습니다만,
그럴수록 마음 허전하여 못 견디게 아픕니다
사내로 태어나서 혼자 통곡하는,
울음이 문지방을 넘지 않도록
제 울음조차 위리안치해야 하는
이 지경이 얼마나 처절하겠습니까

불효소자 만중은,

엎드려 어머니께
눈물로 간찰 올립니다
마른 우물처럼 눈물샘도 다 마르고
지난 봄 벗이 보내준 송연먹은 다 닳아
맹물이 반쯤이나 섞이다 보니
글자도 영 희미한데다 눈까지 어두우니
어디가 먹인지 종이인지 분간조차 되지 않습니다

그러나 어찌 붓으로만
글을 쓸 수 있겠습니까
붓보다야 마음으로 쓰는 글이
더 글답지 않겠습니까
마음의 심지를 돋우고
메마른 붓으로 허공에다
기별 써서 한 장 올립니다
찬밥 알갱이를 씹던 개자추가*

---

*개자추(介子推)는 춘추시대 진나라 사람. 문공을 따라 19년 동안 망명하다 귀국했으나 봉록을 받지 못하자 면산에 숨어들었다. 문공이 그를 나오게 하려고 산에 불을 지르자 끝내 거부하고 어머니와 함께 불타 죽었다.

지금 제 마음과 같을까요

그리운 어머니,

등잔걸이 그림자가 깊습니다
마음 아파 더는 쓸 수가 없습니다

사내의 눈물이
이리 무거운 줄,
지금 알았습니다

이만 총총 줄입니다

−불효 고애자 만중 상서

정경부인 해평 윤씨 행장
―깎아서 다 쓰지 못한 말을 위하여

팔도 우물가에 화냥년 들끓고
소름 돋은 젖꼭지 몸살 앓던 시절

아녀자로 과부로
애비 없는 두 자식 거두느라
몸소 띠 짜고 수놓아
조석마저 근근이 이으니
뼛속까지 배인 남루야
복숭아 뼈 드러난 뒤주 속
박박 긁어도 더 서러운
몇 낱의 가난만 웅크린 시절,

애가 터져 한 오리 눈물도
다 마른 부황 오른 산비알
소나무 껍질로 송기떡 만들고
겉보리 찧고 밀기울 섞어
개떡으로 끼니 잇던
지독한 주린 날조차
어머니, 나의 어머니

어이 아름답다 하십니까

인정이 넘치던 뒷동산에는
뻐꾹새 울어 허기진 굽이굽이
황토재 같이 넘으며
긴긴 하짓날 봇도랑
구절양장에 꼬르륵
논 물대는 소리마저
얼마나 이밥이 그리웠던지요
또 칠흑같은 밤은 어쩌구요
긴긴 동짓달 서안에
눈꺼풀이 눌어붙을 즈음
벌써 새벽닭이 울 때
북두칠성으로 만든 국자로
은하수 떠서 배불리 마시고,
가난조차 즐거운 노래인 줄
그때는 어려서 차마 몰랐습니다

-너희 형제는

마땅히 뼈에 새기라던,

어머니는 행실 없는 못된,
애비 없는 자식될까 저어하여
노을보다 붉은 눈시울이야

다 닳아빠진 소매 끝동에 숨기시고
조릿대 한 웅큼 꺾어 매운 회초리로
당신의 종아리를 후려쳐라 하셨지요

훈장도 모시지 못해 손수 가르치시며
맹자 중용 같은 서책은 곡식을 주고 사고
좌씨전은 권 수가 꽤 많은지라
파는 사람 있어도 감히
값이야 묻지 못하시더니
어느 날 베틀 가운데
명주 싹둑, 끊어 값을 쳐주시니
정작 당신의, 여생에 남은 남루를
시신조차 가릴 헝겊은 한 치도 없더이다

마른하늘에 우박이 편경을 치듯
맑은 소리를 내며 떨어져 내리고
잠시도 머물지 못해 제 몸을 녹여
흙과 한 몸이 되고 있습니다.
지하에 계신 어머니도,
우리도 모두 어쩌면
저 우박과 같지요

툇마루에 앉아 어머니가 해주신
색동저고리를 큰놈 진화에게 입히고
분에 넘치게 재롱을 보노라면
어릴 때 당신의 자애로운
그 마음으로 멀찌감치 돌아가 봅니다.

남새밭에 우박이 우수수
떨어지는 걸 망연히 바라보다가
미물과 조물주의 조화를 문득 깨닫습니다.
호박잎이나 파나 고추잎이
얼음의 무게를 견디는 슬기를 봅니다.

때리는 대로 맞으며 흔들리며
제 자리를 지키는 저 강철 같은
미물들의 심지가 놀랍습니다.

여기,
남쪽 바닷가는
기후가 고르지 않아
해마다 풍토병이 돌림병처럼 번지고
흉년으로 백성들은 거적도 없이
거리에 넘쳐 쓰러져 죽어가고 있습니다.
과거에 들어 벼슬을 한 게 언제 적인지
이제 기억도 소실점으로만 남아 가물거립니다.

글 읽고 공부한
소자의 죄 무겁습니다.
어머니의 훈도하신 대로
백성을 제 몸보다 더 아끼며
사랑하지 못함이 마치
고래의 뱃속에 들앉아

서책이나 끼고 한가하게 뒹굴고 있는
제 신세가 불쌍하고 처량합니다.
하늘가에 붕새가 남명을 날고,
한바다에 고래가 파도를 넘어
유유히 노니는
꿈을 자주 꿉니다만,

한갓 꿈일 뿐인 게지요.
선비 노릇 하는 게 참으로 부끄럽고,
무엇보다 하얀 손이 너무 참담합니다.
흙투성이가 된 농부의 괭이 같은 손과
비린내로 찌든 어부의 갈퀴 같은 손이
더 빛나고 자랑스러운 까닭입니다.

하늘의 그네를 타신 어머니,

지금 장씨라는 한 아녀자의 교태에 녹아
조정은 물처럼 되고 대신들은 도다리 눈깔로
서로 살기 위해 눈치보기에 여념이 없습니다.

그 일로 상의 미움을 사서 이곳,
남해 적소로 온 소자의 운수야
더 일러 무얼 하겠습니까?
매일 북쪽을 향하여 부복하고
절을 한 지가 벌써 세 번이나
계절이 바뀌었습니다.
이번 기제에는 감귤과
잘 마른 어포 서너 가지로
간소한 제수를 마련하고자 합니다.
적소에 매인 천한 몸이라
달리 어찌할 방도가 없습니다.
인편으로 하늘로 가는 파발마가 있다면
어머니, 기제가 되기 전에 당신
무릎 가까이서 쑥국새 울음보다
낮은 목소리로 다시 한 번,
옛 얘기를 지어 올리고 싶습니다.
고애 소자,
불효가 하늘을 찔러
몸 둘 바를 바히 모르겠습니다.

이제 어머니께서 극락정토에 가시니
불효 만중은 천애고아가 되어
거친 행장을 꾸며 삼가
영전에 올립니다.

경오년 팔월 일,

불초 고애 만중 쓰다

사씨남정기를 지으며

서쪽 하늘가
오늘 저녁 따라
개밥바라기가 유난히
서러워보입니다
희빈 장씨가 주상의 총애를 입어
인현왕후가 폐위되신 그 슬픔으로
외진 벼랑 서넛 너끈히
제 가슴 속에 앉히고서
유배지에 떨어져 거친 쑥대머리로
글 지어 강상의 도리를
은유하고자 하나이다.
한림학사 '유연수'가
자질 후덕한 정부인 '사씨'를 내치고
간악한 '교씨'를 들임이

곧 지금 궁궐에서
짙은 그늘로 해를 가리는 꼴과 방불하니

숙종대왕실록,

그 언저리마다
풀빛조차 누렇게 시들어
강토가 온통 참담하나이다

숙종 13년 9월,
경연으로 면대하니 주상께서는,
'조사석이 장희빈을 업고 우의정에 제수되었다'는
해괴한 소문이 항간에 널리 퍼지니,

신, 만중더러 그 진원지를 캐물으셨습니다.

"후궁 장씨의 어미가 평소 조사석 집과 친밀해
줄을 댄 것이라 온 나라 사람들 말하는데,
유독 전하께서만 듣지 못하신 것입니다.
군신은 환히 트여 틈이 없어야 하는데
전하께서 물으시는데 신, 어찌 숨기겠습니까?
이미 신더러 말하도록 하고 근거를 물으시지만,
신이 비록 불초하기는 하지만 어찌
말의 근거를 들어 말씀드릴 수 있겠습니까?

비록 주륙을 받게 되더라도
신, 진실로 달게 여기겠습니다마는,
이는 전하께서 신을 형륙에 빠뜨리는 것입니다.
바라건대, 전하께서는 반성하시면서
더욱 수신하고 제가하는 도리를 닦으소서."*

직언은 주상의 진노를 사니
의금부에 하옥되어 국문을 받고
관서 땅 선천부로 유배되니 그 해
가형 만기 서석공마저 세상을 뜨니
미친 정쟁의 피바람에 집안은 쑥대가 우거지고
처마 끝에는 거미가 줄을 쳐놓고
먹일 기다리는 모함에 빠졌으니
글 읽고 벼슬한 죄로 형벌을 입은 몸
다행히 이듬해 동짓달,
동궁이 태어나 풀리니

---

*조선왕조실록, 숙종 13년 정묘(1687) 9월11일 (병술) 참조.

봄이 와서 채 꽃도 피기도 전
2월 매서운 칼바람 속
기사년 환국으로 재차 국문을 받고
윤3월에 남해 적소로 유배당하니,
늙으신 어머니는 얼마나 상심하셨을까
섣달에 홀연히 이승을 넘어가시니 달려가
초상도 치르지 못한 통한의 설움으로,

하늘이 운다
꺼이꺼이, 땅을 치며

시대 앞에 엎디어,

붓이 운다

사관이 쥔 사필이 부르르 치를 뜬다
사필은, 풀대 같은 백성들 제 대궁을 엮어
사관에게 쥐어준 춘추의 필법이 아니더냐
사필이 정파 따라 검은 손아귀에 드니

잘 위생처리된 수정본이 먼 훗날
우리 아이들 국사가 된다면,

얼마나 끔찍할까

눈이 시리다,

싸늘한 실록청
사초의 방으로 드는
문풍지가 바르르 떨며
바른 선비들은 너나없이 두 주먹 쥐고
울분을 토하니 주막에서 나뭇전 거리에서 칠패에서
미색에 홀린 주상의 거동과 체신이
한갓 초부나 주정뱅이나 걸인청이나 기방에서
우스개나 희롱거리가 되니 더 일러 무엇하랴

대학에 이르길,

수신제가 연후에

치국이라 하였는데,
책 속에 금쪽 같은 말은
말짱 헛말이 되고 말았으니
왕조의 시든 풀대 끝 대롱이는 이슬처럼
이 무슨 구중궁궐에 참언인가
영락한 이슬이 막 떨어지려는 찰나
향초로 단장한 구중심처에
향연 피어오르고 풍악은 질탕하니
짐의 성총을 받으려 안달하는
천한 계집이 누리마냥 들러붙어
조정과 사직을 좀먹으니
상하 대신들도 어쩔 수 없어
혀가 오그라들어 입에 자물통 채우고
뒷걸음질이나 치며 실실 피하니
언로는 막히고 백성은 굶주려
가혹한 공납에 허리 접질려
조선의 산하 곳곳 널부러진 채
심히 병들어 저토록 앓고 있으니,

서포 외진 촌 늙은이는
사씨의 어진 행실을 권하고
교씨의 간특한 악행을 징벌하고자
'사씨남정기'를 지어 이를 기롱하노라.

사대문 안 대로에 가마탄 사대부거나
여항의 아녀자거나, 궁실의 궁녀일지라도
대개 서푼어치 눈치로만 읽어도
그 속살을 내밀하게 읽을 수 있을 것이니,

세상에 이미 도가 무너지고
흉금에 든 삼강과 오륜은 폐색하여
이제 바야흐로 21세기라는 대한민국에서
저다지도 더한 망발과 야만과 불륜
몰염치와 부정 부패와 억압,
곳곳에서 마치 벌집에 불을 놓은 듯
미친 벌떼처럼 이리저리 윙윙 거리나니,

학생이 선생을 패고

이웃이 원수의 이빨을 갈고
에미 애비가 자식을 버리고
자식이 제 부모를 버리다 못해 죽이고
위는 아래를 눌러 목 조르고 짓밟고
아래가 위를 치받아 같잖게 여기니
이게 정녕 아름답던 금수강산 조선이란 말인가?

「사씨남정기」를 지으며
이런 비린 글 쪼가리가
다시는 조선 땅에서 나돌지 않기를
나, 서포의 병든 늙은이는 바랐건만,

저승에 있는 여기가 더 편치 않아
다시 이생을 시켜 이 글을 짓게 하노니,
이것은 나, 귀신이 된 서포주인이
불러주는 대로 적은 글이니라.

당시 「사씨남정기」는
어지러운 세상에다

한 줄기 맑은 빛을 던져
교훈으로 삼기를 바란 것인데,
시속은 예나 지금이나
한 치도 더 나아지지 않고
그냥 그 자리에서 머뭇거리고 있으니
이 어찌 그 많은 피눈물을
남해 푸르른 물결에 씻을 수 있으랴.

태조 대왕께서
온 산에 비단을 둘러
남해 '금산'이란 아름다운
이름을 하사하였는데,

넘실, 넘실대는
청자빛 고운 물위로
저문 햇무리가 제 몸을 풀어
막 담그는 찰나,

어둠을 밀어내며

달이 문신을 찍고 있다.
시대의 파도마다 아프게, 아프게

반짝이는 천 개의 물결마다
천수천안의 보살로 화현하여
수인을 찍는 쪽빛 저 물살 보아라
철썩, 철썩, 쏴—아—쏴
되뇌이는 아슬한 시대의 벼랑에
'사씨남정기'에 수북이 쌓인
'착한 일은 권하고 악한 일은 물리치라'는,
매운 회초리를 보아라

달은 스르르
저 건너 피안인 듯
서쪽으로 흐르고
빈 배는 어디에서 왔다가
다시 어디로 흘러가는지,
어둔 밤 파도는 쉬임없이 흘러가고

옛얘기도 또한 모두 흘러가고
옛사람도 저 멀리 밀려나가고,

새 사람은 발해만에서
황해에서 동해에서 북간도에서
떼 지어 몰려와서 새 나라를 꾸민다지만,

언제나 가난한 마음이야
한 자락 더 붙일 데 없었다
당시 '사씨남정기'를 쓰던
그 정신의 담금질로, 혹은
시퍼런 용접봉의 불꽃으로
녹슬고 삭은 시대를 이어붙이기 위하여―

서포의 뱃길,

아직도 암울하고
침묵의 덩어리에 눌린 채
심연에서 숨죽여

마지막 한 호흡 가다듬고 있나니,

여기, 지금
아픈 시대의 한 사내가

대신 울어줄 곡비가 되어,

가난한 한 시골 서생
새로이 「사씨남정기」를 쓰노니
이름하여, 「신한국발정기」
신한국의 스캔들이더라

은유는 어느 시대나 꿰뚫고 지나고,
풍자는 한갓 시정의 우스개만은 아니더라

세칭, 그들 미꾸리들 표현을 빌리자면
주인 없는 딴따라 엉덩이야 돈과 힘으로 사서
마음껏 감탕질에 유린하여도 좋았으니

'장자연'이란,

가련한 한 처자의 죽음
제 목숨 끊고 저승길에서 헤매던,
그 원혼이 어느 날 내게로 와서
내 꿈속에 들어 「신한국발정기」로써
낱낱이 밝히길 부탁하더이다.

이에,

비록 붓끝이 여물지 못하고
더군다나 힘이 부치고 눈 어두운
비루한 서포의 한 늙은이가
이생으로 하여금 이를 받아 적게 하였으니,

아, 소문으로 나도는 음지여
21세기 부끄러운 우리의 실록이여,

부디 누구나 알기 쉽게 써서

우리말로 세상에 널리 반포하여
푸른 기와집 주인 귀와 눈에 들도록
팔도 잡놈 한량들 오입장이
개구멍에도 들어가도록
하냥 목 빼고 기다리며,

연애 잘 한다고 연예,
기획사란 간판을 걸었나
검은 배꼽의 때 살살 밀며 패당을 지어
저들만의 꽃놀이패 만들었으니
세칭, 밤의 대통령이란
유명 조선의 언론사 놈들과
돈 많아 호령과 거드름밖에
피울 줄 모르는 졸부 나부랭이와
떼돈과 쪽대본과 자동인출기 등,
빈 깡통보다 요란한
여의도 허접 쓰레기들과
음지에 무성한 뚜쟁이와
뒷짐 진 부끄러운 우리의 침묵과

살찐 그늘과 음산한 어둠과 기타 등등,
온갖 잡놈을 모조리 불러다
엄중히 민초 앞에
꿇어앉혀야 하리라.

어찌,「발정기」가 여기만 그칠까.

대한민국 헌법 제1조,

제1항; 대한민국은 민주공화국이다.
제2항; 대한민국의 주권은 국민에게 있고, 모든 권력은
국민으로부터 나온다.

이 얼마나 가슴 벅찬가

피로 얼룩지며
한, 자 한, 자 쌓아올린
우리의 넋이여
우리의 고난이여

불후의 탑이여
국호는 대한민국
국체는 민주공화국,
이 나라가 대체 어떤 나라인가
백성이 하늘인 나라가 아닌가
하늘에 죄를 지으면 빌 곳이 없느니
발기도 되지 않는 놈들이
강남 텐프로 끼고 오입질 하고
끼리끼리 모여 발기인 대회를 하고
감사할 줄도 모르는 놈들이
서민이 맡긴 피눈물의 저축 다 털어먹고
눈감고 아웅하는 감사나 하고
맹모삼천 들먹이며 강남 8학군으로
부동산투기하고, 주민등록 위장하고
표절에 면제에 편법, 탈세나 하고
구렁이 담에 약빨 떨어지면 관행이네
예산과 인력 부족이네 연구검토해 보겠네
뻔한 인사청문회는 있으나마나 하고
위로는 후하고 아래로는 박하니

더 짜낼 고혈이 백성에게 남았을까
숟가락 들기보다 쉬 일삼는 정상배들
그런 팔도에 때 절은 잡놈들이
서울 대전 부산 찍고, 종로와 여의도
비밀요정과 음침한 밀실에서
히히덕거리며 낄끼리 모여서
감질나게 황충처럼 눌러붙어
노린내와 꼬랑내 나도록 상피붙어
서민이 허리 띠 졸라 푼푼이 모은
수만 전 엽전과 혈세 홀랑 잡수시고
민초의 가녀린 대궁에 들러붙어
남은 진액 다 빨아 마파람에 게 눈 감추듯
처먹고 게우다가 개트림이나 하다가
나라 지경 이 꼴에 이르렀으니
누렇게 속대가 시든 줄도 모르고
겉만 번지르르 하니 푸릇한 것 같다만
잘 살아보세, 새마을 고개 잘도 넘더니
일인당 지엔피가 만 불이 넘었다고
그 뒤에 그늘 디룩디룩 살찐 줄 모르고

간이 배 밖으로 나와서 세 치 혀가
아홉 자는 너끈히 더 빠지더니
일만 터지면 오로지 구국의 결단으로
국민을 위하여, 국민이 어떻고 저떻고
입술만 뺀질거리게 온갖 깨방정을 털다가
한탕거리로 털거덕,
걸리는 재수 옴 붙는 날 오면
대검청사 포토라인에만 서면
휠체어 타고 침대에 눕고 방금이라도
다 죽어가는 꼬락서니로 저리 돌변하니
'성실하게 모든 걸 밝히겠습니다' 해놓고
용두사미 도마뱀 적당히 덮고 가리고 짜르니
그 아니 절경인가 안 보아도 훤하니
장동건 말마따나, '이제 마이 묵었다 아이가'
한동안 땡전뉴스 끝나더니 요즈음 단골 메뉴는
이젠 입에 물린 지 오랜 걸 제 놈들만 모르는가
만 백성 가슴은 시퍼렇게 멍든 지 오래인데
온갖 폭력과 뒷거래와 리베이트와 성상납에
짜고 치는 고스톱과 밀실의 음산한 웃음과

웬 잡놈의 짓거리가 무지개 빛깔로 찬란하니,
거죽만 대.한.민.국. 짜, 짜, 작--- 짝, 짝, 쿵,
속은 곯아 모두가 똥 통에 빠져 허우적거리고
곳곳마다 구린내 진동하니 OECD 국가 가운데
자살률은 최고요 교통사고율과 부패율도 높으니,

조선은 아직도
한참 멀었구나,

서포로 가는 길

참으로 아득하구나

풀잎이 찍은 한 표마다 탄식에 얼룩지고
마침내 누렇게 부황 뜬 조선의 골목마다,
경상도와 전라도, 충청도 따로국밥이니
게다가 허리 잘린 남과 북 여전히 으르렁거리며
서로 잡아먹지 못해 안달하니 대명천지간 여기가
무슨 염라국인가 무슨 지옥 구덩이인가?

그러나 아서라, 아직도 여기!

잠 깬 조선의 새카만 눈동자들
참깨 씨알이 드는 뙤약볕 아래서
농울져 익어가는 여름의 정신
서슬 시퍼런 조선낫보다 말짱하니
산하 굽이굽이 숨 고르며
새벽 동 트기를 기다리나니
가짜 비아그라로 일어서는 조선은 가라
헛된 구호만 허공에 메아리치는 근역은 가라
남과 북을 떼어놓으려는
우중충한 적색의 컴플렉스는 가라
음모의 눈깔과 뱀의 갈래진 혀는 가라
모든 껍데기와 쇠붙이는 가라고 외친 어느 시인처럼,
가짜는 모조리 푸른 물살에 휩쓸려 가고
남은 순백의 넋만 남아 백두에서 한라까지
황해와 동해, 그리고 남해에서
저 소금의 투명한 결정처럼 꽉 보듬고
한 맛으로 녹아서 눈물겹도록 서로

사랑하여도 너무 짧은 시간이 아니냐.
우리 앞에 놓인 위태로운
시간의 태엽은 점점 수상해지고,

우리의 아이들은,

우리처럼 자라게 할 수는 없으니

못난 어른처럼 눈물일랑
배우지도 흘리지도 않아야 하리라
설움 꾹꾹 누르는 버릇하지는 않아야
한에 울대가 터져 피 토하지는 않아야 하리라
저 푸르른 물결에 미끄러지듯
신한류의 파고를 넘어 맘껏 윈드서핑하며
두 발과 두 팔로 좌우 균형을 잡아
태평양으로 대서양으로 인도양으로
대륙을 횡단하여 남극에서 북극으로
대기권을 너머 성층권과 저 우주 가로질러
궁극의 태극이 농울지는 8괘가 조화로운

무궁한 역사의 실타래를 이어가서
명주실보다 더 튼튼한 동아줄을 엮어
목숨보다 귀하게 살아가야 하지 않겠나.

맹동의 눈보라를 뚫고

천지가
묵언중입니다.

오두막 한켠 보듬은 대밭에서
제 무게를 견디지 못해 후두둑,
눈 뭉치가 떨기 채 떨어져 내리고

등 구부정한 노인을 닮은
산기슭에 칼바람이 세찹니다
우우, 냉랭한 휘파람 소릴 내며
낮은 담장을 타넘는 지금,
윗목 얼어붙은 사발에 든 자리끼
꽝꽝 얼어 터져
온기라곤 한 점 없는
온돌마저 식어 냉골입니다.

듣습니까,
푸른 울음을 뚫고

시퍼런 서슬이 올라오는 소리를

계정 민영환 선생이 순국하신 뒤
생시에 입던 옷을 걸어둔 협방 아래
혈죽이 바짝 마른 마루장을 뚫고
경술년 국치를 죽창으로 찌르듯
유서처럼 일어서는
죽순의 울음을,

지금 밖은 온통 눈보라가
백의종군하고 있습니다.

허옇게 쓸린 수염 꽁꽁 얼어
이빨이 딱딱 부딪치는
삼동의 우이령 넘어
눈보라를 뚫고

충무공께서 진배미를 지나온 길

여기 노량에 와서야 설움보다
깊 푸른 남해 물 속으로
통한과 울분을 거두고
독전기 옆에 두고
장검보다 길게 두고,

임진, 계사년

한산도에서, 노량에서
가까스로 치욕을 대첩으로
바꾼 지 겨우 사백여 년도 채
기억하지 못하고 또 다시,

한일늑약으로

나라와 백성과 말을 빼앗기고

기미년, 대한독립만세 부르며
청산리 벌판, 말갈기 휘날리며

매운 겨울을 뚫고 지나간
눈물어린 이 땅의 역사를
되풀이 되는 치욕과 저항으로,

어찌 이럴 수 있습니까

부르트고 갈라터진 불행한
역사의 입술을 꽉 깨물고
치 부르르 떨며 흰자위 허옇게 뒤집고
게거품 올리던 뼈아픈 도돌이표여,
반성하지 않는 우리의 역사와
이 땅의 백성들이여

다시 깨우치려
고전의 바다에는

저리도 눈발은,

그칠 줄 모르고

노도 바다 앞섶에 낮게 엎딘 포구들
무자비하게 점령군처럼 접수하고,

마을 당산에 나부끼던
오색의 용왕전 깃발은 차마
그 자리에 오그라져 얼어붙어
벌겋게 충혈된 오랑캐의 눈깔에 질리고
마침내 우리 심장을 찌르고,

아슬한 작두에
맨발로 선 명성황후

당당한 일갈,

나는 조선의 / 국모다,

왜놈의 한 칼에 베일 때

이미 사직과 백성은 삼십 년하고도 오 년을

노예로 묶여 살아야 하지 않았습니까

지금 진눈깨비 더 잦아지고
수직으로 가라앉는 천지는
그저 한 일자로 뻗어
허연 배를 뒤집고
가쁜 숨만 몰아쉬고 있습니다.

누가 절명시 한 수 짓고 난 뒤
아편 한 뭉치 입에 털어넣고
평생 선비로 산 치욕도 한 웅큼 삼키고,

이 땅에 아직도 선비된 것을
스스로 한탄하는 일이 더 있어야 되겠습니까

매천의 사당 위로는
성긴 눈발조차 비껴가고
뼈저린 국사 책 위로는 결코,
한 점 눈발도 용납하지 않으려는

결연한 의지가 저리도 도저하여
벌겋게 달군 화로 속에 뛰어 든
한 점 눈송이야 무어 대수롭겠습니까만,

그러나 기억하지요
수루 위를 맴도는 돌개바람은
차마, 그 위에
진눈깨비도 뿌리지 않습니다.

지금 대한민국 곳곳에서
끊이질 않고 일성호가가
뜻으로 끓어 잠 못 이루고,

애를 끊고 있습니다.

새로운 녹색의 한국을 세우기 위하여
선진으로 나아가려는 좁디좁은 울돌목에서
마지막 일전을 위하여 민주주의는 학익진을 펼치며
온갖 부조리와 부패와 부정을 몰아내기 위하여

거북선을 다시 띄워야겠습니다.

섬기는 자가 곧 섬김을 받는
좋은 나라를 만들기 위해
일신의 안녕과 부귀보다는
백성의 눈물을 닦을 줄 아는
백성의 나라를 바로 세우기 위해
선열은 또 얼마나 많은 피를 적셔
이 땅을 기름지게 하였습니까.

열사와 지사 그 살과
뼈와 피가 한 무더기로
이 땅에 피었다가
뚝뚝 떨기 채 졌으므로,

무궁화가 선연한 자태로
저리 금수강산에 피어 있지 않겠습니까

이제 눈발이 더 잦아들더니

온 몸을 하얀 무명으로 감싼 채
가라앉고 갈앉아 내면을 응시하여,

천지가 마침내 선방에 듭니다.

이 무엇인가,

화두를 잡고

참으로 서포 가는 길 어디인지
우리는 다시 새 길을 찾아나서야 되겠습니다
이 혹독한 눈보라의 군단을 뚫고

마침내 서포에서,

가난한 이 땅,
모든 어머니가 소지를 올리듯
우리를 온전히 하나로
되살려내어야 되겠습니다.

하늘과 땅에서 천지신명께 지성으로

사무치는 때가 있으면
그리움과 아픔도 하나로 녹여
하나가 둘이 되고 셋이 되고
마침내 하나로 뭉친 우리는
만방이 되어 태극기 휘날리며
저 수많은 역사의 비탈진 고갯길을
허이허이, 넘어올 수 있지 않았겠습니까.

녹두꽃 흐드러진 황토재 너머
단성장날 진주민란의 뚝방을 따라
백정들이 형평의 저울로 차별없이 살자고
소를 잡던 칼과 도끼를 내던지고
사람을 살리자고 활인검을 들던 그때
걸인과 기생들이 독립만세를 부르던 그때
가락지와 비녀를 팔아 국채보상을 하던 그때
IMF를 극복하기 위해 애기 돌반지를 내놓던 그때
태안에 검게 물든 끈적끈적한 기름 때를 닦아내던 그때

언제나 위태로운 나라를 지탱하기 위해
삼삼오오 거리마다 동네마다 우거진 한 살림으로,

미친 바람이 불어 핏물이 어리는
가물대는 겨레의 등불 앞에서
어둑한 밤 호롱불 심지 돋우고
손잡고 일어선 착한, 저리도 낮은
눈과 콧등이 새카만
우리 백성이 아니겠습니까

혈죽이 청마루를 뚫고
이제 천정 높이에 이르러
잠시 남은 숨을 고릅니다.
와송이 군데군데 피어오른
역사의 묵은 기왓장을 들어올리고
푸르른 하늘을 대면하기 위해
마지막 뜸 들이며 산 빛을 깨쳐
선홍빛 피 홍건한 깨진 무르팍으로
안간힘으로 불끈, 신명을 불어 넣어

마치 바지게 가득 고인 삶의 무게를
지게 짐 바지작대기로 버티며
일어서는 장골머슴처럼,

언제,
우리 대한민국

민주주의는 낮은,

백성의 냉랭한 온돌에 지필
불땀 좋은 불쏘시개가 될까요

막 눈발이 그치고,

매화의 푸르스름한 내음이
코 끝에 한동안 머물더니
눈의 적막한 숨소리에 곧
흔적없이 묻히고 말았습니다.

이제 밤새 난필로 어질러진 책상머리도 식히고
생인손 앓던 아픔은 굳이 기억하지 않겠습니다.

무명 적삼 활짝 벗어재끼고,
꽝꽝 언 냉수 한두 바가지로
열화로 들뜬 머리 식히고 싶습니다.
정수리에 냉수 한 바가지 씌우더라도
허리 굽히지 않고 꼿꼿하게 서서
차라리 살을 에는 추위와 맞서겠습니다.
병자와 정묘년 호란이 끝난 뒤
삼전도 비문에 새길 화의의 글 짓고
백헌 선생은 글 배운 걸 후회하며
평생 통한의 눈물을 흘리고,

왜놈 보기 싫어 조선총독부를 외면하여
심우장 주인 만해스님은 북향으로 집을 짓고,

북간도로 건너간 단재선생은 세수할 때
왜놈에게 허리 굽히지 않으려 삼동 혹한에도

꼿꼿하게 서서 적삼이 흠뻑 젖었지요.

이제 눈발이 그칩니다

백색의 군단이 점령군처럼
온 누리 뒤덮고
어떠한 색깔론도
부질없으므로 숨죽인 뒤
여백은 여전히 남아도
이제 말을 아끼려 합니다

우듬지 위 아슬하게 매달린
홍시 하나, 시린 볼을 내놓고
여백 한 장 가득 거느리고 어둑한
허공에 매달려 있습니다
차마 까치도 쪼지 못하는
저 여백을 참으로 아끼므로,

이만 난필을 접겠습니다.

서포에서 길을 찾다

길은,

마음으로 드는 길이라야
비로소 길도 마음을 연다

옹색한 노도 초옥에서
낯선 바깥 풍경이 뛰어들 때
멀리 여름 산이 소낙비에 머리칼 씻고
가르마 타고 있는 걸 바라보고,

정갈한 그 가르마 따라

누가 길을 간다,

눈길 가는 대로
나도 따라가 보면
숲 속으로 난 오솔길로
어느새 그 사람과 내가 동행하여,

산들바람은 내게로,
와서 용문산 근처
나의 부끄러운 언어를
싱그러운 동백 숲에 부려놓는다
한참 땀 개고 나면 동백은
떨기 채 뚝, 뚝, 지고

바람이 움직이는 걸 눈치챌 무렵

세상 인심인가 나무 이파리들
가벼이 손바닥 뒤집는 걸 보며
여린 녹색의 물관을 따라 오르는
풋풋한 시의 절정을 노래하는 여름,
비로소 산에 들어 산과 하나가 되어
온통 녹음 짙은 산빛으로 무르녹을 때
나도 없고 산도 따로 없고
바람과 물도 새와 풀과 바위도
모두가 이개져 회통하는 환한 대낮,

서포 누옥으로 가는 길에서,

그 길 얼마나 먼 물길인지

누구라도 남해로 오거든
서포가 걷던 조선의 고즈넉한
고샅을 따라 하염없이 걸어보라
저승꽃 간간이 피어 있는 산비알
암릉도 보며 강건한 기세에 종종 놀라지만
누구라도 그 길로 드는 사람마다,

서포집은 멀지 않아라

그 정신의 부드러우며 투명한
고전의 올곧은 길로 들 것이니
멸치 떼처럼 빛나는 비늘을 파닥이며
한, 자, 한, 자, 쌓아올린 언어의 죽방렴에서
옛사람이 힘겨이 쪄낸 그 노고를
오늘 우리는 햇살에 까들까들 잘 말려

끼니마다 구수한 국물로 우려내어 척박한
우리네 삶의 밥상을 윤택하게 할지니
선인이 땀으로 다듬어 놓은
쇠스랑보다 강직한 다랭이논,
우리의 억척스런 농토를 갈면서
풀벌레가 알을 한없이 놓듯
우리는 우리의 새끼를 키우고,

여름 수풀 짙게 우거진
옥 병풍 두른 저 금산에서
진시황은 과연 무엇을 구하였나
불로초 구하고자 아들 부소를 보냈지만
천만 년을 누렸던가 여기 사람의 길 속에
고전의 길 속에 난 불사약은 모르고
동남동녀는 머언 뱃길을 돌아
올연한 금산 부소대에서
마지막 항해의 돛을 내리며 허망한
시황의 눈먼 욕망에 아슬하게 지고
그대로 바위가 되어 옹립하여 섰구나

부소대로 가는 밀교의 성전,
그 길에 서포로 가는 비밀의 통로 있어
노량대교를 건너 울돌목 부근에서
비로소 바람도 엎드려 예를 표한다
천자총통이 맹렬한 불을 뿜듯
분노의 불길을 잠재우고 싶거든
황토 내음 그윽한 길로 들어 보아라
거북선 입에서 유황 화염이 뿜어나오듯
매서운 기세로 세상을 질타하던
조선 선비의 유배된 목소리를 들어보아라.
쉰 목소리로 마지막 절창은 아껴두고
충만한 여백만큼 빈 허공에다 돌려주고
눈물 뚝, 뚝, 찍어 해서체로 써내려간,
남은 말은 속내에 깊숙이 간직하고
바스러진 한지 책갈피 속에 고여 있던
눈물 감당하지 못하거든 막 꽃잎 떨어져
백일홍이 가얏고를 타는 지금,

누구라도 여기 동백섬 서포집,

흔히 뱃길로 지나치고 말기 일쑤인

고전의 오두막,

그 사립짝에 기대어
위리안치된 한 조선 선비의 곧은
가부좌를 기어코 읽어볼 것이다
청빈한 절대고독의 절벽에서
제 노래를 차마 이기지 못해
그대로 직하하는
조선의 기상을 보아라
폭포의 우르릉거리는 포효,
제 속에 깊숙이 쟁여놓고
한꺼번에 터진 저 울음을 읽어보아라
스스로 정수리가 깨어져
사방으로 흩어지는
물의 골수를,

우리는 지금 저토록

아름다이 깨지는 절명시,
저 절창의 언저리를 밀쳐두고
얼마나 엉성하게 살고 있는지
출랑대며 쫄쫄거리는 옹색하기 짝이 없는
혹은, 분수에 넘치게 흘러넘치는
우리의 가벼운 흐름을 반성하며

서포 초옥

제 울음을
제 손등으로 닦는,

다 삭은 이엉을 들추어,

마치 사마천처럼 위대한
궁형이란 참혹을 당하고도
천하제일 대장부가 된 사람,
서포 주인을 찾아 나선 길

이만큼이라도 왔으니
눈꼽재기만한 꺼리라도
예서 말 수는 없으니
돌아가더라도 다시
한 번 더 머뭇거리고
힘들어서 잠시 옹색하더라도
마음과 몸이 더불어 가고
늙은이와 어린이가 손잡고 가고
가진 자와 가난한 자가
서로 밥숟가락을 떠먹여주며
남과 북, 좌와 우, 동과 서가
한 빛깔로 일체가 되어
서로 잘잘못일랑 따지지 말고
서로 조금 다름을 인정하면서
마치 가을날 단풍 들어
소풍 나온 아이들처럼
온 산 서로 어깨동무하고 한데
어울려 천지가 가을임을 노래하듯
그리 어울려 태평가를 부르는

그런 화쟁의 시대가 되도록
이제 우리 더불어 살아간다면,

여기 동백의 언어로 지은 서포집,

빈 평상에 앉아서
먼 바다 바라보면,

누구라도
수평을 보며
높고 낮은 이 없음을 보며

빈 평상에 새벽이 찰랑찰랑 고일 때까지.

서포에서 길을 찾다
제2회 김만중문학상 대상 수상작

1판 1쇄 인쇄 2011년 10월 20일
1판 1쇄 발행 2011년 10월 25일

저 자   이상원
저작권자   남해군 · 김만중문학상 운영위원회
발행인   박현숙
펴낸곳   도서출판 깊은샘

디자인   파피루스
인 쇄   임창P&D

등 록   1980년 2월 6일 제2-69
주 소   서울시 종로구 낙원동 58-1 종로오피스텔 606호 우편번호 110-320
전 화   02-764-3019
팩 스   02-704-3011

ISBN 978-89-7416-229-0

이 책의 저작권은 저작권자에게 있습니다.
저작권자와의 협의하에 인지는 붙이지 않습니다.